# Entwickelungstendenzen

im

# Welthandel.

Eine handelspolitische Skizze.

Von

**Victor Leo,**

Gerichtsassessor.

Mitglied des Reichskommissariats für die Pariser Weltausstellung.

Berlin 1901.

**J. Guttentag, Verlagsbuchhandlung.**

G. m. b. H.

# Abkürzungen.

N. = Nachrichten für Handel und Industrie.
Herausgegeben im Reichsamt des Innern.

B. = Berichte über Handel und Industrie.
Herausgegeben im Reichsamt des Innern.

Wenn man nach dem Charakteristikum der gegenwärtigen Lage des Welthandels sucht, so wird aus der Fülle der sich dem suchenden Auge aufdrängenden Erscheinungen als die markanteste haften bleiben: *der unwiderstehliche industrielle Siegeszug, den die Vereinigten Staaten von Amerika seit nur wenigen Jahren begonnen haben.* Wohin man sich auch wenden mag, man prüfe die Importnachweise welches Landes man auch wolle —, immer wieder trifft man auf einen neuen Faktor: die Konkurrenz der Vereinigten Staaten. Es ist beinahe unheimlich, diesen Siegeszug zu verfolgen. Von 1894—1899 wuchs der Export der Vereinigten Staaten von

3693 Millionen Mark N.
auf 5263 „ „ Nr. 135 (1900).
der Import von 2784 „ „
auf 3356 „ „

sodass die Handelsbilanz der Vereinigten Staaten heute mit dem enormen Betrage von 2 Milliarden Mark aktiv ist. Und dazu ist zu bemerken, dass der Import in immer steigendem Prozentverhältnis aus Rohmaterialien für die Fabrikation von Industrieerzeugnissen, die Ausfuhr in immer steigendem Maasse aus Industrieartikeln besteht. Von den

829 019 337 Dollars der Einfuhr N.
waren im Jahre 1900 Nr. 33 (1901).
280 359 404 \$ = $33,^{81}$ pCt. Rohstoffe für die Industrie
von den 1 453 013 659 \$ der Einfuhr
waren 441 406 942 \$ = 30,38 pCt. Fabrikate.

In dem Gesamtwert ihres Aussenhandels stehen die Vereinigten Staaten im Moment noch an dritter Stelle, aber es ist nur eine Frage der Zeit, dass sie ihre Vordermänner Deutschland und England überholt haben werden[1]. Im Export und in der Aktivität ihrer Handelsbilanz sind sie heute schon die erste Macht der Welt. Ihren 2 Milliarden Exportsaldo stellt England einen Importüberschuss von 3 Milliarden, Deutschland einen solchen von $1\frac{1}{4}$ Milliarden entgegen.

Die Kohlenproduktion, die Roheisenproduktion, die Stahlproduktion der Vereinigten Staaten ist die grösste der Welt[2], die Goldproduktion folgt mit 71 053 400 $ unmittelbar hinter der Produktion der Weltteile Afrika und Australien. In der Textilindustrie stieg die Zahl der Spindeln in der Baumwollspinnerei von

N. Nr. 3 (1901).

14 060 000 Stück in 1888/89
auf 19 100 000 „ „ 1899/1900.

N. Nr. 21 (1901).

Dieser Entwickelung der Produktion auf allen genannten Gebieten hat die Aufnahmefähigkeit des inneren amerikanischen Marktes nicht folgen können und so haben die Vereinigten Staaten notwendig ein Exportland werden müssen, um ihren Kräfteüberschuss loszuwerden. Nach Grossbritannien, der alten Hochburg der Eisen- und Stahlindustrie, wurden an Roheisen aus den Vereinigten Staaten eingeführt

| | | |
|---|---|---|
| im Jahre 1898 | 76 356 | tons |
| 1899 | 80 988 | „ |
| 1900 | 94 282 | „ |

N. Nr. 54 (1901).

und in den beiden Monaten Januar und Februar 1901
21 613 Tons.

Die Stahleinfuhr nach Grossbritannien aus den Vereinigten Staaten bezifferte sich

---

[1]

| Grossbritannien. 1899. Millionen Mark. | | Deutschland. 1899. Millionen Mark. | |
|---|---|---|---|
| Import . . . | 8401 | Import . . . | 5483 |
| Export . . . | 5293 | Export . . . | 4207. |

N. Nr. 135 (1900).

[2]

| | | Kohlenproduktion 1898 | Millionen tons 1899 | Stahlproduktion 1899 tons | Roheisenproduktion 1899 tons | 1900 |
|---|---|---|---|---|---|---|
| N. Nr. 106 (1900). | Vereinigte Staaten | 220 | 232 | 10 702 209 | 13 838 634 | 14 009 870 |
| Nr. 64 (1900). | Grossbritannien . | 226 | — | 4 933 010 | 9 572 178 | 8 962 578 |
| Nr. 39 (1901). | Deutschland . . . | 144 | — | 6 290 434 | 8 029 305 | 8 351 742 |

1898 auf 29 374 tons
1899 „ 59 375 „
1900 „ 157 628 „

und stieg in den Monaten Januar und Februar 1901 auf 33 052 tons im Werte von 188 744 £.

Aus Australien berichtet der kaiserliche General-Konsul in Sydney im Sommer 1900:

Die amerikanische Industrie hat einen verhältnismässig grossen Teil des australischen Marktes erobert und die im Vorjahre begonnene Ueberschwemmung der Colonie Neu-Süd-Wales mit amerikanischen Waren dauert ununterbrochen fort. Die Ausdehnung der amerikanischen Einfuhr in den beiden letzten Jahren ist zum grossen Teil auf Kosten der deutschen Einfuhr vor sich gegangen. Der Wert der Einfuhr der beiden Länder betrug in den 6 Jahren: N. Nr. 98 (1900).

| | Deutschland | Vereinigte Staaten |
|---|---|---|
| 1894 | 345 364 | 542 427 |
| 1895 | 425 697 | 624 268 |
| 1896 | 690 843 | 1 729 871 |
| 1897 | 900 464 | 1 887 877 |
| 1898 | 771 626 | 1 602 954 |
| 1899 | 856 032 | 2 219 319 |

N. Nr. 98 (1900).

Die gleiche Erscheinung zeigt der Import von Südafrika, besonders von Capland. Die Einfuhr der Vereinigten Staaten nach China stieg von N. Nr. 99 (1900).

5 093 182 Haikwan Taels im Jahre 1895
auf 22 288 745 „ „ „ „ 1899[1]) N. Nr. 147 (1900).

Im Import Japans stehen die Vereinigten Staaten an erster Stelle hinter Grossbritannien. In der Papierindustrie, in der Zuckerindustrie, in der Maschinenindustrie, überall die gleiche Entwickelung: die Vereinigten Staaten von Amerika schicken sich an, den Weltmarkt zu erobern auf der ganzen Linie der Massenindustrie[2]).

[1]) In den letzten Monaten ist ein Rückgang des anlässlich der chinesischen Wirren übermässig gesteigerten Imports eingetreten.

[2]) Es seien noch einige Daten mitgeteilt, die für das Wachstum der amerikanischen Volkswirtschaft besonders charakteristisch sind:

Von 1868 bis 1899/1900 wuchs die Bevölkerung der Vereinigten Staaten von 36 973 000 Seelen auf 76 304 799, sie verdoppelte sich also. Der Geld-

Es ist noch nicht lange her, es war nach der Beendigung des Krieges zwischen China und Japan, da stellte man das wirtschaftliche Horoskop anders. Ostasien sollte es sein, woher die wirtschaftliche Gefahr für Europa drohte; Japan und China, hiess es, würden uns auf unseren eigenen Märkten unterbieten und die europäische Industrie ruinieren. Und heute? — Ein britischer Konsularbericht vom Jahre 1900 besagt: „Obwohl die Idee, welche vor einigen Jahren mancherorts herrschte, dass die Japaner mit
N. ihren Erzeugnissen den Weltmarkt erobern könnten, bereits
Nr. 62 (1900). abgethan ist, so kann doch keine Meinungsverschiedenheit darüber obwalten, dass sowohl der Handel wie die Industrie schnelle Fortschritte machen", und der Generalkonsul in Yokohama berichtet: dass „die früher mit Recht verbreitete Annahme, dass die japanische Industrie infolge der billigen Lebensbedingungen und Arbeitskräfte einen grossen Vorteil der europäischen Konkurrenz gegenüber habe, in den letzten Jahren erheblich an Berechtigung verloren habe, da die Arbeitslöhne sowie die Preise aller Lebensmittel enorm gestiegen sind". Was China betrifft, so hat sein Aussenhandel sich kräftig entwickelt, die
N. Steigerung der Ausfuhr entfällt aber im wesentlichen auf nur
Nr. 54 (1900). 2 Artikel: Seide und Felle[1]), wogegen Indiens Aussenhandel eine ungewöhnlich starke Entwickelung nicht aufweist.

Es ist also anders gekommen, als man prophezeit hat, Ostasien hat den Siegeszug nicht gehalten, den man ihm geweissagt hat, dagegen sind die Vereinigten Staaten von Amerika als Sieger in die Schranken getreten. Grossbritannien, von dem es vor 10 Jahren hiess, es gehe bergab, sein Aussenhandel gehe zurück, hat in der Zeit von 1894—99 seinen Export von

N. 4320 Millionen Mark
Nr. 135 (1900). auf 5293 „ „ gehoben,

Deutschland, bis vor kurzem sein alleiniger ernsthafter Konkurrent, den seinigen von

2962 Millionen Mark
auf 4207 „ „ gesteigert.

---

vorrat im Lande stieg auf $30,^{60}$ Dollars pro Kopf der Bevölkerung, das sind 50 % mehr als 1868, während die Nationalschuld sich von $67,^{10}$ Dollar auf $14,^{52}$ Dollars pro Kopf verringerte.

[1]) Stark gestiegen ist auch noch die Ausfuhr von Häuten und Binsenhüten.

Die 3 Länder, welche in der Entwickelung der Industrie und der Beteiligung am Welthandel an der Spitze marschieren, sind also

die Vereinigten Staaten,
Grossbritannien
und Deutschland;

übrigens, entgegen allen bimetallistischen Prophezeiungen, 3 Goldwährungsländer[1]).

---

Die Skizzierung der Entwickelungstendenzen in den einzelnen Ländern im folgenden kann und soll notgedrungen nicht erschöpfend sein, sondern soll nur die springenden Punkte der

[1]) Unter den vielen Theorien, welche über die Entwickelung der Weltwirtschaft im letzten Jahrzehnt aufgestellt worden sind, ist eine der interessantesten diejenige, welche Otto Arendt 1893 in einer kleinen Brochure: „Das goldene Zeitalter Ludwig Bambergers. Eine Währungsschrift aus dem 20. Jahrhundert“ aufgestellt hat. Es ist eine Prognose, welche Zustände in der Weltwirtschaft eintreten würden, falls das Ungeheure geschehen und Indien die Silberfreiprägung einstellen, die Vereinigten Staaten die Shermanbill aufheben sollten. Diese beiden Ereignisse traten noch in demselben Jahre ein und so ist die Möglichkeit gegeben, Arendts Prognose an der Hand der thatsächlichen Entwickelung nachzuprüfen. Wenn man die Arendtsche Theorie auf ihren kürzesten Ausdruck reduzieren will, so lässt sie sich etwa dahin wiedergeben: Falls das Silber als Währungsmetall auch noch aus Indien und den Vereinigten Staaten verdrängt wird, ist die schon an und für sich spärliche Welt-Goldproduktion für den Bedarf ungenügend. Daher als Folge Kontraktion des Umlaufs, sinkende Preise der Goldwährungsländer, Rückfall der meisten Goldwährungsländer in Papierwirtschaft. Chronische Krisis und Rückbildung des Exporthandels der Goldwährungsländer und gleichzeitiges Aufblühen der Silber- und Papierländer und ihres Exports auf Grund der Valutadifferenz. — Die bisherige Entwickelung hat in fast allen Punkten das Gegenteil gezeigt. Die Goldproduktion ist, wie bekannt, auf beinahe das Doppelte der höchsten Produktion der kalifornischen Periode gestiegen. Im Jahre 1900, in dem wegen des südafrikanischen Krieges das Transvaalgold gänzlich ausblieb, vermehrte sich der monetäre Goldvorrat der Welt um etwa 186 Millionen Mark. Die Umlaufsmittel in Gold pro Kopf der Bevölkerung sind in den Goldwährungsländern dauernd gestiegen, wir haben soeben eine Aera steigender Preise hinter uns, die Vereinigten Staaten, Russland und Japan sind erfolgreich zur Goldwährung übergegangen und die prophezeite chronische Krisis und Rückbildung des Exports der Goldwährungsländer charakterisiert sich in den oben mitgeteilten Exportziffern der Vereinigten Staaten, Deutschlands und Grossbritanniens.

Entwickelung aufzeigen, einige der Faktoren aufdecken, auf welchen im wesentlichen die Entwickelung der einzelnen Länder beruht. Aus der Vielheit der bestimmenden Faktoren, die aufzuzählen unmöglich ist, sind es — wenn man von der Frage der Währung absieht — vielleicht 6 besonders hervortretende, die man in fast allen Fällen zur Erklärung heranziehen kann. Es sind das

1. der Volkscharakter und das Klima,
2. die natürlichen Reichtümer des Landes,
3. die Organisation seines Handels,
4. die Zoll- und Handelspolitik,
5. die Verkehrspolitik,
6. der Grad der kulturellen Entwickelung und Kapitalkonzentration.

Die Vereinigten Staaten von Amerika.

Aus diesen 6 Faktoren erklärt sich im wesentlichen der Siegeszug der Vereinigten Staaten, um mit ihnen wieder zu beginnen. Ein energisches Volk, in gemässigter Zone lebend, in einem Lande mit grossen natürlichen Reichtümern, das sich eine vortreffliche Organisation seines Handels zu schaffen verstanden hat, das durch Hochschutzzoll seine Industrien entwickelt, durch die Ausbildung eines ungeheuren Verkehrsnetzes das ganze Land erschlossen hat, und eine Kapitalkonzentration zeigt wie kein zweites Land der Welt — das sind die Vorbedingungen für die wirtschaftliche Eroberung der Welt. Ich möchte besonders den letzten Punkt betonen, den Grad der Kapitalkonzentration, weil er meines Erachtens der wichtigste und für die Vereinigten Staaten am meisten charakteristisch ist. Man braucht nur die riesenhaften Kapitalziffern der amerikanischen Trusts anzusehen [1], um sich zu sagen, dass eine nicht kartellierte Volkswirtschaft auf dem Weltmarkt einem derartig konzentrierten Feinde gegenüber bedeutend im Nachteil ist. Man mag die amerikanische Trustbildung politisch für höchst bedenklich halten — ich halte sie auch dafür —, dass sie aber für die Eroberung des Weltmarktes der amerikanischen Industrie unschätzbare Dienste geleistet hat

[1]) Das Jahr 1899 war bereits auf dem Gebiet der Trustbildung für Amerika sehr bedeutsam. Die Anzahl der 1899 endgiltig herbeigeführten industriellen Konsolidierungen betrug 81, das Aktienkapital dieser Unternehmungen 1838,5 Millionen Dollars. Auf die einzelnen Produktionszweige verteilten sich die Gründungen in folgender Weise:

und noch leisten wird, wird sich kaum bestreiten lassen. Wie hat man zum Beispiel die Eroberung des chinesischen Marktes organisiert! Zunächst hat man in den Vereinigten Staaten eine ungeheure Propaganda für Gewinnung dieses Marktes entfaltet, die National Association of Manufacturers of the United States of America hat dann nach China eine Studienkommission entsandt[1]). Eine „American China Development Company" ist gegründet worden, und da man mit der englischen Konkurrenz in China rechnen musste — hat man sich mit ihr kartelliert. B. Bd. I. Heft 5.

| Industrie | Anzahl | Aktienkapital $ |
|---|---|---|
| Metallindustrie . . . . . . . . . . . . | 37 | 1 009 000 000 |
| Industrie der Steine und Erden . . . . | 6 | 58 200 000 |
| Chemische Industrie . . . . . . . . . . | 7 | 107 000 000 |
| Textilindustrie . . . . . . . . . . . . | 6 | 109 000 000 |
| Papierindustrie . . . . . . . . . . . . | 2 | 52 000 000 |
| Lederindustrie . . . . . . . . . . . . | 3 | 93 000 000 |
| Holzindustrie . . . . . . . . . . . . . | 1 | 12 000 000 |
| Industrie der Nahrungs- u. Genussmittel | 17 | 371 000 000 |
| Sonstige . . . . . . . . . . . . . . . | 2 | 25 000 000 |
| | 81 | 1 838 500 000 |

Dieses Jahr ist aber noch übertroffen worden durch das Jahr 1900 und jetzt bereits durch die 4 ersten Monate des Jahres 1901. (Economist vom 25. Mai 1891 pag. 785.)

[1]) Charakteristisch ist auch folgende Notiz, welche unlängst die Tageszeitungen brachten:

Eine schwimmende amerikanische Ausstellung. Die praktischen Amerikaner werden ein Projekt zur Ausführung bringen, das in Oesterreich unter dem Handelsminister Dr. Baernreither geplant, in der Jahresversammlung der Oesterreichisch-Ungarischen Kolonialgesellschaft am 22. April 1898 ausführlich besprochen wurde, jedoch nicht zustande kam. Ein amerikanisches Schiff wird von New York — versehen mit allen Industrie-Erzeugnissen Amerikas — auslaufen, in den Handelsemporen der Ostküste Südamerikas anlegen, sodann Süd- und Ostafrika berühren, von Zanzibar nach Bombay, Kolombo, durch den Golf von Bengalen nach Singapore gehen, die Haupthafenplätze Sumatras, Javas und Australiens besuchen, von dort Neu-Guinea, die molukkischen Inseln, Nord-Borneo, die Philippinen, Siam, Cochinchina, die chinesischen und japanischen Häfen anlaufen und via Sandwich-Inseln längs der Westküste Südamerikas durch die Magelhaensstrasse zurückkehren. Die Reise wird zwei Jahre dauern. Die Kosten dieser Ausstellung werden durch eine Korporation bestritten, welche das Monopol des Alleinverkaufs seitens der beteiligten Industriellen für die zu bereisenden Ländergebiete erhält und die Vorläuferin einer grossen Exportgesellschaft sein wird.

Die American China Development Company hat ein Kartell geschlossen mit der „British an Chinese Corporation“ in London und bei dem fast unbeschränkten Kapital dieses Kartells wird dasselbe fortan natürlich einen bedeutenden Machtfaktor im Welt-Exporthandel nach China bilden[1]). Die Kartellierung der Eisenindustrie, die es heute gestattet, England im eigenen Lande Konkurrenz zu machen, ist so bekannt, ebenso die Kartellierung der Petroleumindustrie, Carnegie, Rockefeller, Morgan sind so oft genannte Namen, dass eine nähere Schilderung dieser gewaltigen Trusts erübrigt. Freilich sind der Kartellierung wie der Entwickelung der amerikanischen Industrie überhaupt auch Grenzen gesetzt — eine derartige Zusammenfassung lässt sich nur durchführen in Massenindustrien, in den grossen Stapelindustrien. Und in diesen wird auch voraussichtlich die Stärke der amerikanischen Industrie stets beruhen, beruht sie heute schon. In den grossen Stapelindustrien, der Eisenindustrie, der Textilindustrie, der Zuckerindustrie etc. geht der amerikanische Markt für Europa verloren und auf allen anderen Märkten, ja zum Teil auf dem eigenen Markte hat Europa als Hauptkonkurrenten die Vereinigten Staaten[2]). Das ist die Tendenz, in der die amerikanische Entwickelung sich bewegt. Damit ist dem Massenexport nach den Vereinigten Staaten von Amerika überhaupt das Todesurteil gesprochen, oder richtiger, es ergiebt sich die Notwendigkeit einer völligen Umgestaltung des Exports nach den Vereinigten Staaten. Europa hat damit zu rechnen, dass immer mehr Kunstartikel, Luxusindustrie, Weine und ähnliche Gegenstände des verfeinerten Lebensgenusses an die Stelle des Massenexportes treten müssen. Vielleicht die beste Prognose lässt sich noch der Ausfuhr Frankreichs nach den Vereinigten Staaten

[1]) Die beste Folie bietet eine Mitteilung des deutschen Generalkonsuls in Yokohama von diesem Jahre: Die deutschen Kaufleute in Yokohama und Tokio haben eine „Deutsche Vereinigung“ zur Vertretung deutscher wirtschaftlicher Interessen in Japan gebildet. Der neue Verein will zu diesem Zweck eine wöchentlich erscheinende deutsche Zeitung herausgeben. Die deutschen Firmen in Japan haben zur Unterstützung des Unternehmens für die Dauer von 3 Jahren eine jährliche Garantie von — 6000 Yen gezeichnet!

[2]) Ich möchte nicht unterlassen, noch auf die Schiffsbaupolitik hinzuweisen, die jetzt in den Vereinigten Staaten inauguriert werden soll. Es ist nicht ausgeschlossen, dass eine protektionistische Schiffahrtspolitik uns in wenigen Jahren eine amerikanische Wiederholung der Cromwell'schen Navigationsakte bringt — was für unsere Schiffahrt einen schweren Schlag bedeuten würde.

stellen, das eben von je seine Stärke in der Luxusindustrie besass. Pariser Damentoiletten, Pariser Schmuck und französische Weine lassen sich in Amerika nicht fabrizieren.

Die ganze vorgeschilderte Entwickelung der Vereinigten Staaten hat sich, um das noch kurz zu streifen, vollzogen auf dem Boden der Goldwährung. Ob wegen ob trotz der Goldwährung, darüber mag man streiten, falsch ist beides, die Währung ist überhaupt nicht der ausschlaggebende Faktor. Die Theorie von der Verkümmerungstendenz der Goldwährungsländer ist jedenfalls durch die Vereinigten Staaten glänzend ad absurdum geführt worden.

Die heute noch erste, führende Macht im Welthandel, England, die älteste Wirtschaftsmacht unter den heutigen Grossmächten, zeigt eine ruhigere Entwickelung als das junge Riesenkind, die Vereinigten Staaten. Es ist das ja auch nur natürlich. Immerhin ist von einem Rückgange keine Rede, wie schon von verschiedenen Seiten in jüngster Zeit betont worden ist[1]). Der Export zeigt ein ruhiges Steigen und hat sich auf 5293 Millionen Mark im Jahre 1899 gehoben. An dem Industrieaufschwung der letzten Jahre hat England seinen vollen Anteil gehabt. Grossbritannien.

Trotzdem ist der handelspolitische Horizont Englands nicht frei von Wolken. Der stets wachsende Importüberschuss, der jetzt bis auf 3 Milliarden Mark jährlich gestiegen ist, ist selbst für ein Gläubigerland wie England schwer zu decken, ohne vom Kapital zu zehren. Als Exportindustrieland par excellence ist England auf den Stapelexport in hohem Maasse angewiesen und die Umbildung in der oben ausgeführten Richtung muss für England mit sehr unangenehmen Verschiebungen seiner gegenwärtigen Wirtschaftslage verknüpft sein. In England treibt deshalb das ganz richtige Gefühl auf den engeren handelspolitischen Anschluss an die Kolonien, der sehr viel mehr für England als für die Kolonien eine Frage von kapitaler Bedeutung ist. Es wäre für England von wesentlichem Wert, wenn es seiner Masseninduslrie den Markt seiner Kolonien reservieren könnte, je mehr andere Märkte verloren gehen. Wenn die Vereinigten Staaten von Australien Hochschutzzoll treiben würden — sie sind in der Wahl ihrer Handelspolitik vollkommen frei — wie

---

[1]) Rathgen, Die englische Handelspolitik am Ende des 19. Jahrhunderts. Vosberg Reckow, Das britische Weltreich und der deutsche Wettbewerb.

ihre Vettern in Amerika, dann können für England unangenehme und kritische Zeiten kommen. Grossbritannien steht handelspolitisch ungünstiger da als die Vereinigten Staaten von Amerika, wiewohl es seine Machtsphäre über die ganze Erde ausgedehnt hat. Denn gerade in dem durch diese Ausdehnung bedingten losen Gefüge seiner Glieder liegt auch seine Schwäche. Es ist gezwungen, den einzelnen Gliedern grosse Freiheit zu lassen und andrerseits bestehen vielfache Interessengegensätze zwischen Tochter- und Mutterland sowohl, wie zwischen den einzelnen Kolonien. Was England fehlt, ist die Geschlossenheit des grossen Wirtschaftsgebietes, wie die Vereinigten Staaten von Amerika es besitzen, die brutale Macht der kompakten Masse, die Chamberlain mit richtigem Instinkt ihr schaffen möchte.

Sehr charakteristisch in dieser Beziehung sind die Ereignisse gerade der letzten Wochen. Am 18. April 1901 beschloss das englische Unterhaus und zwar mit Geltung vom folgenden Tage die Wiedereinführung des Zuckerzolls, der seit 27 Jahren abgeschafft war und einen Ausfuhrzoll auf Kohlen. Die Veranlassung ist rein finanzieller Natur — das englische Ausgabenbudget ist sehr stark gestiegen und zwar nicht nur die vorübergehenden Kriegsausgaben, sondern auch die ordentlichen Ausgaben haben sich sehr gesteigert und die bevorstehende Armeereform wird weitere Steigerungen mit sich bringen. Die Einkommensteuer ist bereits bis auf die Grenze des Erträglichen gesteigert und so hat man zur Einführung von Zöllen gegriffen[1]).

[1]) Economist vom 11. Mai 1901. Die nachfolgende Tabelle zeigt die ordentlichen Ausgaben für 1895/96 und den Voranschlag für 1901/1902.

| Ordinary Expenditure | Estimates 1901/1902 £ | Actual 1895—96 £ |
|---|---|---|
| National Debt | 23 000 000 | 25 000 000 |
| Consolidated Fund Services | 2 800 000 | 1 601 000 |
| Army | 30 030 000 | 18 460 000 |
| Navy | 30 876 000 | 19 724 000 |
| Civil services | 23 630 000 | 19 800 000 |
| Customs and Inland Revenue | 2 890 000 | 2 702 000 |
| Post office and Telegraph | 14 146 000 | 10 477 000 |
| | 127 372 000 | 97 764 000 |

Also in 6 Jahren eine Steigerung um rund 600 Millionen Mark in den ordentlichen Ausgaben.

Das bedeutet den Anfang vom Ende der grossen Aera des englischen Freihandels. Nicht wegen der absoluten Bedeutung dieser Zölle, die sehr gering ist, zwei Zölle mehr oder weniger machen England nicht aus einem Freihandelsland zu einem Schutzzollland — sondern weil es, wie die Dinge liegen, in die Gesamtrichtung der englischen Politik passt. Weil die Einführung von Zöllen, auf Grund deren England seinen Kolonien Vorzugsrechte einzuräumen imstande ist, zu den Vorbedingungen der englischen Politik des engeren Anschlusses der Kolonien gehört. Der Stein ist ins Rollen gebracht und wird weiter rollen.

Der oben geschilderte Umbildungsprozess des europäischen Exports nach der Richtung der Luxusindustrie ist auch für Deutschlands Zukunft nicht ohne Bedeutung. Eine oberflächliche Betrachtung könnte zwar zu der Ansicht führen, dass die Verhältnisse einstweilen noch durchaus günstig liegen. Stieg doch der deutsche Export von 1894—1899 in stetiger Entwickelung von 2962 auf 4207 Millionen. Eine genauere Analyse aber — wie sie in vortrefflicher Weise von dem verstorbenen Dr. Paul Voigt[1]) im „Jahrbuch des deutschen Wirtschaftslebens (1900)" gemacht worden ist — zeigt jedoch, dass die Verhältnisse trotz vieler glänzenden Seiten keineswegs unbedenklich sind. Das Defizit von $1^1/_4$ Milliarden, welches die deutsche Handelsbilanz aufweist, verschlingt das ganze Zinseneinkommen der deutschen Volkswirtschaft aus im Auslande angelegten Kapitalien. Einer Steigerung der Mehreinfuhr an Rohstoffen und Nahrungsmitteln um 561 Millionen Mark in der Zeit von 1896—98 steht eine Zunahme der Mehrausfuhr von Fabrikaten von nur 19 Millionen gegenüber[2]). Die landwirtschaftliche Produktion Deutschlands (Ackerbau, Viehzucht, Forstwirtschaft) zeigt ein Defizit von etwa 2280 Millionen Mark, welches durch Import vom Auslande gedeckt werden muss. Das sind Erscheinungen, welche zum ernstesten Nachdenken anregen müssen, zumal im laufenden Jahre sich die Handelsbilanz noch weiter verschlechtert hat. Deutschland.

Wie die oben geschilderte Tendenz des Verlustes der Stapel-

[1]) Voigt, Die Entwickelung des deutschen Aussenhandels von 1896—98.

[2]) cfr. Voigt, l. c. pag. 212. Die Jahre 1899 und 1900, besonders das letztere, zeigen allerdings ganz bedeutend günstigere Zahlen, dagegen wird das Jahr 1901 wieder eine Verschlechterung aufweisen.

industrien sich auch für Deutschland bemerkbar macht, mag an dem Beispiel der Zuckerindustrie gezeigt werden. Deutschland produzierte in der Zeit vom

| 1. Aug.—30. Juli[1] | Zucker in tons | exportierte tons |
|---|---|---|
| 1896/97 | 1 639 101 | 1 113 769 |
| 1897/98 | 1 659 960 | 937 621 |
| 1898/99 | 1 722 429 | 909 268 |

Es haben nun neuerdings ausser den Vereinigten Staaten von Amerika, Japan auf Formosa, Aegypten, Russland in Sibirien, und Italien angefangen Zuckerrüben zu bauen und eine eigene Zuckerindustrie zu entwickeln. Ebenso hat Oesterreich seine Zuckerproduktion hoch entwickelt und ist darauf bedacht gewesen, in zielbewusster Weise den Zuckerexport zu heben, sodass es auf den auswärtigen Märkten unser Hauptkonkurrent geworden ist. Der Erfolg dieser Entwickelung kann nur sein ein dauernder und zwar ziemlich rascher Rückgang des deutschen Zuckerexports. Dass aber die deutsche Zuckerindustrie für den Ausfall am Export auf dem inneren deutschen Markt einen vollen Ersatz finden kann, ist ausgeschlossen.

Auch die Textilindustrie muss mit diesem Prozess bekanntlich schon seit längerer Zeit rechnen, immerhin hat die Entwickelung hier bestimmte Grenzen. Wie Deutschland im wesentlichen keine höheren Garne spinnt als N. 45, so Japan und Indien keine höheren Nummern als 18. Für feinere Nummern sind diese Länder nach wie vor auf den Bezug von Europa angewiesen, da der japanische Arbeiter diese nicht zu spinnen vermag. So wird auf dem Gebiete der Textilindustrie wohl dauernd eine gewisse internationale Arbeitsteilung stattfinden, die aber im Ende auch dahin tendiert, die Exportindustrie Europas und Deutschland mehr in die Richtung der Industrie der entbehrlichen Gegenstände zu drängen.

Diese Tendenz ist für Deutschland nicht ungefährlich[2]), da die immerhin beschränkten Luxusindustrien Deutschland keinen vollen Ersatz bieten können für den Verlust grosser Stapelindustrien.

---

[1]) cfr. Die deutsche Volkswirtschaft am Schlusse des 19. Jahrhunderts, pag. 200.

[2]) Den entgegengesetzten Standpunkt vertreten Dietzel, Volkswirtschaft und Weltwirtschaft, und wohl auch: Gothein, Der deutsche Aussenhandel.

Eine derartige Tendenz ist um so bedenklicher bei einer jährlichen Bevölkerungszunahme von rund 800 000 Menschen wie sie Deutschland seit einigen Jahren aufweist. Nicht als ob etwa damit gesagt wäre, dass Deutschlands Export demnächst abnehmen müsste oder dass gar ein Zusammenbruch des deutschen Exports unmittelbar bevorstände. Das ist in keiner Weise wahrscheinlich, sondern das Gegenteil. Aber erstens werden die Fluktuationen der deutschen Volkswirtschaft um so stärker und häufiger werden, je mehr der Ausfuhrhandel sich auf Spezialitäten, statt auf grosse Stapelartikel zu stützen gezwungen ist. Sodann aber wird sich unsere Handelsbilanz dauernd verschlechtern, wie sie es in der letzten Zeit bereits gethan hat. Nun ist es ja zwar zweifellos, dass nicht die Handelsbilanz, sondern die gesamte Zahlungsbilanz entscheidend ist. Wir stehen aber vielleicht nicht so weit davon, dass durch die grosse Passivität unserer Handelsbilanz auch unsere Zahlungsbilanz passiv wird, dass wir vom Kapital leben. Die Befürchtungen wegen des steigenden Defizits der Handelsbilanz, denen unter anderen auch die Deutsche Bank in ihrem vorjährigen Jahresberichte Ausdruck gab, sind keineswegs nur ironisch zu belächeln. Freilich giebt es auch einige Momente, die dieser Tendenz entgegenwirken und die geeignet sind, die Entwickelung in dieser Richtung zu verlangsamen. Deutschlands Stärke in diesem Prozess beruht auf der in Deutschland besonders glücklichen Verbindung der Industrie mit der Wissenschaft; von der z. B. die chemische Industrie ein glänzendes Zeugnis ablegt. Das gleiche gilt für die elektrische Industrie, die wohl erst am Anfang einer grossen Entwickelung steht[1]). Es sind dies Industrien, die hohe Voraussetzungen sowohl an die Unternehmer wie an die Arbeiter stellen, Voraussetzungen, die nicht überall vorhanden und auch nicht ohne weiteres zu schaffen sind. Der „deutsche Schulmeister", der, nach einem bekannten Ausspruch, bei Königgrätz gesiegt hat, der wird uns auch helfen einen Teil unserer industriellen Schlachten schlagen.

Um einem Missverständnis vorzubeugen, sei hier aber darauf hingewiesen, dass der oben genannte Prozess nicht gleichbedeutend

[1]) Erinnert sei hier auch an den glänzenden Aufschwung des deutschen Schiffsbaues, dem wohl gerade in den nächsten Jahrzehnten eine enorme Entwickelung bevorsteht.

ist mit einer Beschränkung des Fabrikatenexports nur auf unkultivierte Agrarländer. Im Gegenteil, der grösste Prozentsatz unseres Exports wird für lange Zeit noch nach den hoch entwickelten Industrieländern, nach England und den Vereinigten Staaten, nach Frankreich, der Schweiz, Belgien etc. gehen. Der grösste Abnehmer der amerikanischen Industrie ist England. Was wir in Deutschland zu befürchten haben, das ist auch nicht so die natürliche Entwickelung junger Industrien in unentwickelten Ländern und die dadurch hervorgerufenen natürlichen Verschiebungen — sondern das ist der planmässige Zollabschluss der grossen, hochentwickelten Wirtschaftsgebiete: der Abschluss Russlands, der Vereinigten Staaten und Grossbritanniens. In einem gewissen Gegensatz zur Landwirtschaft ist die deutsche Industrie im wesentlichen über die Zeit der eigenen Schutzbedürftigkeit gegen fremde Konkurrenz hinaus; bei uns überwiegt bereits das Exportinteresse. Freiheit für den Handel, Erleichterung des Absatzes, Gewinnung neuer und Erweiterung alter Märkte, Niedrighalten der Auslandzölle, das ist es, was die deutsche Industrie braucht. Freihandel, aber nicht einseitig deutschen. Die Steigerung des Exports ist die Vorbedingung auch für die Hebung der Konsumkraft des inneren Markts. Das Deutschland von heute ist mit dem Weltmarkt so innig und unauflöslich verflochten, steht so „im Zeichen des Verkehrs", dass es Exportpolitik und Weltmachtpolitik treiben muss, wenn es nicht aus der Reihe der politischen und wirtschaftlichen Grossmächte gestrichen werden will. Womit sollen wir denn den Import von 4 Milliarden Rohstoffen und Nahrungsmitteln sonst decken? „Der Zusammenbruch unserer Exportindustrie", sagt Voigt [1]) ganz richtig, „und damit der Verlust unserer Einfuhr würde neben dem Dreissigjährigen Kriege die furchtbarste Katastrophe der deutschen Geschichte sein." „Exportindustrie und Kapitalienausfuhr sind für Deutschland mit seiner steigenden Bevölkerung nicht zu umgehen, wenn nicht ein grosser Teil unseres Volkes direkt verhungern oder auswandern, der Rest aber vollständig verarmen soll. Gewiss bietet die Entwickelung zahlreiche Schwierigkeiten und ladet unserem Volke ein unermessliches Risiko auf. Wenn wir aber aus Furcht vor diesen Schwierig-

---

[1]) Voigt, Handels- und Machtpolitik Bd. I pag. 204, 205.

keiten unsere Exportindustrie aufgeben wollten, so würden wir nicht klüger handeln als jener Mann, der sich aus Angst vor dem Tode selbst das Leben nahm.“ Auf dem Wege unserer Exportpolitik aber ist es vor allem der zollpolitische Abschluss der grossen Wirtschaftscentren, der uns zunächst bedrohlich werden müsste. Der Panslavismus, der Panamerikanismus und Greater Britain, wenn sie verwirklicht würden, das wären die Feinde unserer Industrie[1]).

Verlust von Stapelindustrien und starke Bevölkerungszunahme müssten nun, zumal bei plötzlichem Eintreten, wie es durch die Zollpolitik der verschiedenen Staaten keineswegs ausgeschlossen ist, dahin führen, dass ein wachsender Prozentsatz der Industriebevölkerung überschüssig wird, oder, um den Marx'schen Ausdruck zu gebrauchen, dass die industrielle Reservearmee vergrössert wird. Diese Wirkung wäre sozial nicht unbedenklich, es fragt sich, wie sie in unschädliche oder nützliche Bahnen würde gelenkt werden können. Es würde damit ein grösserer Prozentsatz der arbeitenden Bevölkerung für die Landwirtschaft frei, und bei schlechtem Gange der Industrie würde er sich auch wirklich zur Landwirtschaft wenden. Immerhin muss man sich klar machen, dass etwa mit dem Ueberschuss eines Jahres, etwa mit 800 000 Menschen, der Bedarf der deutschen Landwirtschaft an neuen Arbeitskräften gedeckt wäre. Die Landwirtschaft wäre also allein nicht imstande, den frei werdenden Bevölkerungsüberschuss aufzunehmen. Deutschland wird deshalb wahrscheinlich im kommenden Jahrhundert wieder einen wachsenden Teil seines Bevölkerungsüberschusses abstossen müssen, es wird zielbewusste Auswanderungspolitik grossen Stils treiben müssen. Eine derartige Politik aber wird den Bestand des Mutterlandes nicht schwächen, sondern stärken.

Da nach allem die Zukunft unserer Exportindustrie doch keineswegs sicher und völlig frei von Gefahren ist, da unser transozeanischer Handel, d. h. die gesamte Ausfuhr und Versorgung Deutschlands auf dem Seewege, solange wir nicht eine starke Flotte besitzen, jeden Tag unterbunden werden kann, so ist im Auge zu behalten, dass

---

[1]) Leo, Die Anklagen gegen die Goldwährung. pag. 35 ff. Dietzel, Weltwirtschaft und Volkswirtschaft.

Deutschland niemals reines Exportindustrieland werden soll und darf wie England[1]). Wir brauchen auch als Gegengewicht in politischer und sozialer Beziehung eine kräftige Landwirtschaft und werden gerade in Industriekrisen-Zeiten den sozialen Wert einer solchen wohl noch mehr schätzen lernen. Es ist deshalb alles wünschenswert, was zur Erhaltung der Landwirtschaft dient und geeignet ist, ihr über schwierige Zeiten hinwegzuhelfen. Wenn man bedenkt, dass das Defizit der landwirtschaftlichen Produktion 2 Milliarden beträgt, und erwägt, dass die Deckung des Passivsaldo der deutschen Handelsbilanz die gesamten Zinserträge der von Deutschland im Ausland angelegten Kapitalien verschlingt, dann muss man es doch als wünschenswert erachten, auf einigen Gebieten der landwirtschaftlichen Produktion den Import zu beschränken zu Gunsten einer Hebung der nationalen Produktion[2]). Es kommt da weniger Getreide, als vor allem Pferde, Rindvieh, Geflügel, Eier, Obst in grossem Maassstabe in Betracht, in welchen eine Hebung der nationalen Produktion leicht erreicht werden kann und mit allen staatlichen Mitteln angestrebt werden sollte[3]). Die Frage der Getreidezölle wird dagegen m. E. in der Angelegenheit wohl vielfach überschätzt. Wenn auch die Landwirtschaft selbst anderer Ansicht ist — mit Erhöhung der Getreidezölle ist ihr im ganzen gar nichts geholfen, da bekanntlich die durch die Zölle gesteigerte Rente sofort in den Güterpreisen zum Ausdruck kommt, sodass der Rechtsnachfolger des gegenwärtigen Besitzers sich nachher in genau der gleichen Lage befindet. Die Landwirtschaft muss immer wieder auf andere Mittel verwiesen werden, als vor allem Verbilligung der Güterfrachten und genossenschaftliche Kredit- und Bezugsorganisationen etc. Herabsetzung der Güterpreise, das ist es, was der Landwirtschaft fehlt. Trotzdem wird man der Beibehaltung der Zölle unbedingt das Wort reden müssen und braucht selbst

---

[1]) Oldenberg, Deutschland als Industriestaat. Dr. Dade, Die Agrarzölle. (Schriften des Vereins für Sozialpolitik. Bd. 91.)

[2]) cfr. Voigt. l. c.

[3]) Conrad, Prof. Dr., Die Stellung der landwirtschaftlichen Zölle in den 1903 zu schliessenden Handelsverträgen. Ruhland, Prof. Dr., Gegengutachten zu Prof. Dr. Conrads Stellung der landw. Zölle etc. cfr. auch „Das Getreide im Weltverkehr“, passim.

in einer mässigen Erhöhung derselben noch kein Unglück zu sehen. Es ist in der Praxis nicht angängig, ganze Zweige der Volkswirtschaft, seien es einzelne Zweige der Industrie, seien es Zweige der Landwirtschaft, ohne weiteres sofort fallen zu lassen, weil irgendwo anders billiger produziert wird. Weltwirtschaftlich gedacht ist das die richtige Arbeitsteilung, nationalwirtschaftlich wäre aber wohl der Schaden grösser, als der Vorteil des billigeren Bezuges der fraglichen Artikel. Auch handelspolitische Fragen lassen sich eben nicht lediglich nach handelspolitischen Gesichtspunkten beurteilen, sondern müssen im Rahmen der Gesamtpolitik beurteilt werden. Und da sprechen gegen ein Aufgeben des Getreidebaues in Deutschland sehr erhebliche politische und soziale Momente. Je mehr Nahrungsmittel wir importieren müssen, um so mehr Absatzmärkte brauchen wir, um sie zu bezahlen, um so mehr vergrössern wir die Gefahren unserer Exportstellung. Die Erhaltung der deutschen Landwirtschaft ist deshalb ein nationales Interesse.

Wesentlich anders liegen die Verhältnisse für Russland. Russland.
Russland ist noch und wird für absehbare Zeit bleiben: Agrarstaat[1]). Das soll nicht heissen, dass Russland mit der Zeit nicht auch eine Industrie entwickeln wird; sie ist vielmehr in nicht unbedeutendem Maasse bereits vorhanden, wie die Tabelle auf nächster Seite zeigt.

Aber für den Weltmarkt wird Russland als Exporteur von Industriefabrikaten in absehbarer Zeit in grossem Maassstab nur in der Naphtha- und Holzindustrie in Betracht kommen. In baumwollenen Artikeln findet heute schon ein geringer Export nach den orientalischen Ländern statt (1887 für 5,2 Millionen Rubel, 1897 für 11,9 Millionen Rubel), für deren Bedarfsdeckung Russland allerdings in hohem Maasse geeignet ist.

---

[1]) Der Wert der einzelnen Gruppen des russischen Exports stellt sich in Prozenten folgendermaassen dar:

| | Lebensmittel | Rohmaterialien und Halbfabrikate | Thiere | Fabrikate |
|---|---|---|---|---|
| 1898 . . . . . . | 61,2 | 33,6 | 2,4 | 2,8 |
| 1899 . . . . . . | 52,7 | 41,5 | 2,9 | 2,9 |
| 1900 . . . . . . | 55,3 | 39,2 | 2,6 | 2,9 |

| GROUPES[1] des INDUSTRIES | Nombre de fabriques et d'usines en 1897 | VALEUR DE LA PRODUCTION EN MILLIERS DE ROUBLES | | | | | NOMBRE D'OUVRIERS | | | | |
|---|---|---|---|---|---|---|---|---|---|---|---|
| | | 1887 | 1890 | 1893 | 1896 | 1897 | 1887 | 1890 | 1893 | 1896 | 1897 |
| Matières textiles . . . | 4 449 | 463 044 | 519 365 | 621 929 | 837 598 | 946 296 | 399 178 | 433 320 | 497 940 | 545 520 | 642 520 |
| Produits d'alimentation | 16 512 | 375 286 | 391 947 | 399 700 | 627 815 | 648 116 | 205 223 | 203 000 | 216 834 | 239 899 | 255 357 |
| Produits animaux . . | 4 238 | 79 495 | 74 391 | 78 422 | 117 473 | 132 058 | 38 876 | 39 684 | 44 228 | 63 484 | 64 418 |
| Façonnage du bois . | 2 357 | 25 688 | 33 377 | 38 876 | 91 258 | 102 897 | 30 703 | 36 101 | 39 913 | 75 411 | 86 273 |
| Fabrication du papier | 532 | 21 030 | 23 804 | 27 529 | 45 386 | 45 490 | 19 491 | 27 389 | 33 803 | 35 328 | 46 190 |
| Produits chimiques . | 769 | 21 509 | 29 750 | 39 560 | 57 139 | 59 555 | 21 134 | 27 791 | 28 382 | 36 402 | 35 320 |
| Céramique . . . . . | 3 413 | 28 965 | 32 543 | 34 472 | 70 046 | 82 590 | 67 346 | 72 361 | 75 474 | 90 551 | 143 291 |
| Mines et industrie métallurgique . . . . | 3 412 | 156 012 | 202 894 | 249 168 | 339 170 | 393 749 | 390 915 | 426 635 | 461 455 | 489 038 | 544 333 |
| Produits métalliques . | 2 412 | 112 618 | 127 920 | 171 140 | 283 973 | 310 626 | 103 300 | 109 982 | 132 008 | 182 514 | 214 311 |
| Produits non compris dans les groupes précédents . . . . . | 935 | 50 852 | 66 672 | 74 201 | 121 106 | 117 767 | 41 882 | 48 467 | 52 867 | 59 928 | 66 249 |
| Total | 39 029 | 1 334 499 | 1 502 663 | 1 734 997 | 2 590 964 | 2 839 144 | 1 318 048 | 1 424 730 | 1 582 904 | 1 818 475 | 2 098 262 |

[1]) Kowalewski. La Russie à la fin du XIX ième siècle. pag. 292.

Zum Exportindustrieland grossen Maassstabes fehlt es Russland nicht einmal so an den natürlichen Reichtümern. Kohle und Eisenerze sind vorhanden, wenn auch die Mächtigkeit ihres Vorkommens russischerseits überschätzt wird, aber die Exportchancen der russischen Eisenindustrie sind, wie Ballod[1]) unlängst dargelegt hat, trotzdem unbefriedigend, infolge der meist sehr grossen Entfernungen zwischen Kohlen- und Erzlagern. Russland fehlt als Vorbedingung einer grossen industriellen Entwickelung zweierlei, das nicht rasch zu schaffen möglich ist: ein grosses Verkehrsnetz von Eisenbahnen und Wasserstrassen und die erforderliche Kapitalkonzentration. Es ist anzuerkennen, dass in den letzten Jahren in dieser Beziehung viel geschehen ist (cfr. die folgende Tabelle)[2]), aber beides sind eben Bedingungen, die sich nur langsam schaffen lassen. Als Beleg für die geringe Kapitalkonzentration in Russland mag dienen,

CHEMINS DE FER

| PÉRIODE de trois ans | LONGUEUR DES VOIES | | PÉRIODE de trois ans | LONGUEUR DES VOIES | |
|---|---|---|---|---|---|
| | ouvertes au cours de la période de trois ans | en tout à l'expiration de la période de trois ans | | ouvertes au cours de la période de trois ans | en tout à l'expiration de la periode de trois ans |
| | kil. | kil. | | kil. | kil. |
| 1838—1840 | 27 | 27 | 1874—1876 | 3 182 | 19 238 |
| 1841—1843 | — | 27 | 1877—1879 | 2 941 | 22 179 |
| 1844—1846 | 251 | 278 | 1880—1882 | 692 | 22 871 |
| 1847—1849 | 102 | 380 | 1883—1885 | 2 548 | 25 417 |
| 1850—1852 | 619 | 999 | 1886—1888 | 3 598 | 29 015 |
| 1853—1855 | 44 | 1 043 | 1889—1891 | 1 283 | 30 298 |
| 1856—1858 | 122 | 1 165 | 1892—1894 | 4 283 | 34 581 |
| 1859—1861 | 1 026 | 2 191 | 1895—1897 | 5 891 | 40 472 |
| 1862—1864 | 1 293 | 3 484 | 1898 | 3 069 | 43 541 |
| 1865—1867 | 1 236 | 4 720 | 1899 (1) | 4 550 | 48 091 |
| 1868—1870 | 5 923 | 10 643 | En construction . . . | 7 711 | — |
| 1871—1873 | 5 413 | 16 056 | | | |

(1) Ouvertes tant pour le service régulier que pour le mouvement provisoire.

[1]) Ballod, Die deutsch-russischen Handelsbeziehungen.

[2]) Kowalewski, l. c. pag. 854.

dass im Jahre 1900 in Russland im ganzen 1700 Aktien-Gesellschaften mit 2100 Millionen Rubel Kapital thätig waren. Wenn man damit die Zahlen der amerikanischen Trusts vergleicht, wenn man erwägt, dass das Aktienkapital nur der Berliner Banken beinahe 2 Milliarden Mark beträgt, dass in Deutschland nur in den letzten 5 Jahren 1390 Aktien-Gesellschaften mit 1 997 520 000 Mark gegründet wurden, dann hat man einen Maassstab, wie gering im Grunde noch die Kapitalkonzentration in Russland ist. Fremdes — meist englisches — Kapital ist in grossem Maassstabe in der Naphthaindustrie angelegt.

Alles in allem kann man also damit rechnen, dass einerseits zwar Russland in nächster Zeit einige Industrien in der Höhe des eigenen Bedarfs entwickeln wird, dass es aber als Konkurrent in Fabrikaten auf dem Weltmarkt, abgesehen von der Holz- und Naphthaindustrie, in grossem Maassstabe in absehbarer Zeit nicht auftreten wird, zumal nachdem es durch die jetzt herrschende Industriekrisis in seiner industriellen Entwickelung wieder bedeutend zurückgeworfen worden ist[1]). Für uns kann Russland noch auf lange Zeit einen Absatzmarkt bilden, den zu erhalten für uns als Nachbarland ein wesentliches Interesse bildet. Gute politische und wirtschaftliche Beziehungen zu einander sind für Deutschland ebenso wie für das Czarenreich von so grossem Wert, dass mit Sicherheit darauf zu rechnen ist, dass die beiden grossen Staaten im Bewusstsein ihrer gegenseitigen Interessen stets die Verständigung auf der Diagonale ihrer Interessen finden werden.

---

Indien. Wenn man nun die Entwickelungstendenzen Ostasiens in den Kreis dieser Betrachtungen zieht, so war es da Indien und Japan, deren Entwickelung vornehmlich, wie schon einleitend bemerkt, vor einigen Jahren Europa beunruhigte. Um mit Indien zu beginnen, so war es die Entwickelung der indischen Baumwollindustrie, die man mit lebhafter Beängstigung verfolgte. Wohl mit Unrecht. Indien besass Ende 1898/99 eine Spindelzahl von 4 456 177 Spindeln bei einer Gesamtspindelzahl der Welt von 103 335 847, also etwa 4 pCt. Grossbritannien allein

N. Nr. 56 (1900).

---

[1]) Es wurden im Jahre 1899 insgesamt 52 234 020 Barrels Naphthaprodukte exportiert.

weist eine Spindelzahl von 45 500 000 auf. Dass Indien sich in gröberen Geweben und Garnen selbständig machen wird, ist mit Sicherheit zu erwarten; dass es den europäischen Markt mit seinen Fabrikaten überschwemmen wird, kann dagegen wohl als ausgeschlossen gelten. Bisher hat es in dauernd steigerndem Maasse noch Baumwollwaren importiert[1]. Es stieg die Einfuhr baumwollener Zeugwaren von

238 999 696 Rupien im Rechnungsjahr 98/99
auf 259 127 336 „ „ „ 99/1900,

der Wert der Einfuhr sonstiger Baumwollwaren im gleichen Zeitraum von

113 832 675 Rupien
auf 121 716 029 „

Im übrigen geht es der indischen Baumwollindustrie zur Zeit keineswegs gut. Der Konsul in Bombay berichtet im vorigen Jahre:

„Die Textilindustrie in Bombay macht seit August 1899 Zeiten durch, wie sie schlimmer noch nicht gewesen sind. Der Grund hierfür ist in erster Linie in der Ueberproduktion von Garnen zu suchen, in zweiter Linie kommt in Betracht, dass China, zur Zeit im Besitz grosser Lager, die erhöhten Bombayer Preise nicht zahlen will, sowie dass die Nachfrage in Indien infolge der Kaufkraft und Kauflust hemmenden Hungersnot nachgelassen hat.“

Es ist also auch hier dafür gesorgt, dass die Bäume nicht in den Himmel wachsen.

Von bimetallistischer Seite ist früher die Befürchtung verbreitet worden, dass Indien durch die Unterwertigkeit seiner (früheren) Silbervaluta in der Lage sein würde, die europäische

---

[1]) Deutschlands Ausfuhr nach Indien.
Baumwollwaren
dichte Gewebe, gefärbt, bedruckt etc.
1895 . . 116 tons
1899 . . 465 „
baumwollene Strumpfwaren
1895 . . 269 tons
1899 . . 768 „
Statistisches Jahrbuch 1900.

Produktion zu unterbieten. Gerade umgekehrt aber hat die Unterwertigkeit der Valuta den Ausbau des Eisenbahnnetzes Indiens verhindert — für Indien die Voraussetzung jeder wirtschaftlichen Entwickelung —, weil europäisches Kapital sich scheute, sich in Indien festzulegen. Man wird daher sagen können, dass vor der Regelung der indischen Währung auf dem Fusse eines Goldstandard und der damit erreichten völligen Fixierung des Rupienwerts an eine wirkliche ernsthafte Konkurrenz Indiens überhaupt nicht wird gedacht werden können. Und aus dieser Erkenntnis sind auch die Bestrebungen der indischen Regierung, Indien einen gold-standard zu verschaffen und seine Währung von den Fluctuationen des Silberpreises unabhängig zu machen, hervorgegangen. Goldwährungspolitik und Eisenbahnpolitik sind die von Indiens Staatsmännern richtig erkannten Hauptaufgaben und Vorbedingungen der indischen Entwickelung. Diese Entwickelung aber wird bei der Ausdehnung des Landes und dem Kulturgrade der Bevölkerung nur langsam vor sich gehen und England wird schon dafür sorgen, dass sie nicht zu rasch erfolgt.

Japan.

Die Entwickelung Japans, zu der ich nunmehr übergehe, ist in Europa gleichfalls mit besonderer Spannung verfolgt worden. Das kleine, energische und hochintelligente Volk, welches im letzten halben Jahrhundert eine so überraschende Entwickelung durchgemacht hat, schien besonders berufen zu sein, auf dem Weltmarkt eine bedeutende, vielleicht eine führende Rolle zu spielen und die alten Industriestaaten zu depossedieren. Wie schon eingangs erwähnt, sind diese Befürchtungen nicht eingetroffen. Das ist leicht erklärlich. Die Entwickelung der japanischen Industrie an und für sich genommen ist sehr bedeutend gewesen, aber man hat die weltwirtschaftliche Bedeutung dieser Entwickelung überschätzt. Man ist zudem von dem nicht richtigen Gesichtspunkt ausgegangen, dass jedes „plus“ in der Entwickelung der japanischen Industrie ein „minus“ für die europäische Industrie bedeutet. Das ist, wie gesagt, nicht richtig — die Industrialisierung eines Landes hebt auch seine Importbedürfnisse. Die Entwickelung Japans hat daher nur eine *Verschiebung* des europäischen Exports, nicht eine *Verminde-*

rung zur Folge gehabt, im Gegenteil, diese Verschiebung fiel zusammen mit einer grossen Ausdehnung des Exports nach Japan. In den beiden letzten Jahren war sogar auf Grund abnormer Verhältnisse — besonders infolge der Störungen des Handels mit China — die Handelsbilanz Japans stark passiv geworden und zeigt erst in allerjüngster Zeit eine leichte Besserung. Ueberdies ist die Kapitalkonzentration in Japan noch sehr gering, die Industrie und zumal die gefürchtete Baumwollenindustrie sehr wenig kapitalkräftig. Charakteristisch in dieser Beziehung ist — ich citiere einen Bericht des kaiserlichen Generalkonsulats in Yokohama — ein Memorandum, das die Spinnereigesellschaft in Osaka verschiedenen grossen Banken unterbreitet hat und worin angeführt wurde, dass das Hauptübel in dem durchaus unzureichenden Kapital der Spinnereien liege. Nach den von den Verfassern des Memorandums angestellten Ermittelungen verfügten die vorhandenen Spinnereigesellschaften, etwa 60 an der Zahl, nicht nur über kein Betriebskapital, sondern N. 63 1901.
waren sogar verschuldet.

Ein weiterer, das Gedeihen der Industrie schwächender Umstand liegt darin, wie der Generalkonsul in Yokohama in einem anderen Berichte ausführt, dass der japanische Arbeiter manche Eigenschaften besitzt, die seine Verwendbarbeit in Fabrikbetrieben beeinträchtigen. „Während seine Gewandheit und Gelehrigkeit im allgemeinen Anerkennung findet, ist man sich einig in dem Urteil, dass seine Arbeitsleistung höchstens $^2/_3$ derjenigen eines europäischen Arbeiters beträgt. Ausserdem zeigt er einen grossen Mangel an Stetigkeit. Ohne ersichtlichen Grund wechselt er häufig seine Beschäftigung und geht aus einer Fabrik in die andere. . . . . Es liegt auf der Hand, dass dadurch nicht nur die Heranbildung eines geschulten Arbeiterstammes erheblich erschwert, sondern auch Betriebsstörungen hervorgerufen werden, die oft schwere Nachteile für den Fabrikbesitzer im Gefolge haben."

Auch für die Zukunft ist daher die Prognose für unsere Handelsbeziehungen mit Japan nicht anders zu stellen. Dass Japan Europa mit seiner Konkurrenz nicht überschwemmen wird, dafür sorgen die in Japan bedeutend gestiegenen Löhne und Warenpreise. Dass es auf der anderen Seite nicht nationale Abschlusspolitik treiben kann, sondern auf den Weg der Handelsverträge stets verwiesen sein wird, ergiebt sich aus der verhältnismässig geringfügigen Grösse seines Territoriums. So ist die Prognose für unseren Handelsverkehr mit Japan eine durchaus günstige; die Entwickelung der japanischen Industrie mag auch weiterhin noch fortgesetzt bei uns Verschiebungen des Exports hervorrufen, als Ganzes ist mit Sicherheit eine Steigerung der beiderseitigen Handelsbeziehungen zu erhoffen.

China. An und für sich wäre die Befürchtung einer nationalwirtschaftlichen Abschlusspolitik eher bei China gegeben[1]), das nach der Grösse seines Territoriums zu einer solchen eher in der Lage ist und dessen Traditionen sie durchaus entsprechen würde. „Der Grundzug der ökonomischen Politik Chinas“, schrieb von Brandt bereits 1895, „ist ein durchaus nationaler, der Wunsch und Wille, das Land vor der Ausbeutung durch die Fremden zu bewahren; das Prinzip ist oft genug in Staats- und Denkschriften, Erlassen der Provinzialbehörden wie der Zentralregierung und Zeitungsartikeln zum Ausdruck gekommen, um keinen Zweifel darüber bestehen zu lassen, dass es für die Haltung von Regierung und Volk in diesen Fragen das Maassgebende gewesen ist und für absehbare Zukunft auch bleiben wird.“ Aber China dürfte zu einer solchen Politik zu ohnmächtig sein, Europa und Amerika werden in der Lage sein, ihm eine gewisse freiheitliche Wirtschaftspolitik aufzuzwingen, und werden von ihrer Macht Gebrauch machen, wie sie es bisher bereits gethan haben. Bei der Rückständigkeit der politischen Verhältnisse Chinas, bei dem Mangel und der Unsicherheit der Verkehrsmittel, bei dem allen Reformen abgeneigten Charakter seiner Bevölkerung dürfte aber die Aufschliessung Chinas sowohl für seinen Export wie für unseren Import sich wesentlich langsamer vollziehen als die japanische Entwickelung, sodass die Gefahr

---

[1]) v. Brandt. China und seine Handelsbeziehungen zum Ausland. 1899. Die Zukunft Ostasiens. 1895.

Schumacher. Deutschlands Interessen in China. Handels- und Machtspolitik. Bd. II.

plötzlicher Verschiebungen der Export-Verhältnisse für Europa als ausgeschlossen gelten kann, — vorübergehende Störungen abgerechnet. Man lese nur die Schilderungen von Eugen Wolff über seine Wanderungen im Innern Chinas und man wird sich sagen, dass der Weg der Entwickelung noch ein unendlich langer ist, dass noch viele Generationen sterben müssten, ehe China ein „Industriestaat" werden könnte. Im übrigen wird der Aufschluss Chinas im wesentlichen wohl durch fremdes Kapital erfolgen, da das Land selbst eine genügende Organisation und die genügende Kapitalkonzentration für eine energische wirtschaftliche Erschliessung nicht besitzt. Der Anfang, den Deutschland in China gemacht hat, ist ein durchaus glücklicher gewesen, sowohl in Kiautschau, wie auch im Yangtseegebiet und in Hongkong. Sehr wesentlich zu diesen Erfolgen haben die grossen Hamburger und Bremer Rhedereien, besonders der Lloyd beigetragen, dank dessen umsichtiger Politik Deutschland heute in Ostasien im Schiffsverkehr hinter England an erster Stelle steht. Trotzdem ist zu befürchten, wie die Verhältnisse liegen, dass, nach der oben geschilderten Art des Eindringens der amerikanischen Industrie, es im wesentlichen Amerika und England sein werden, die den chinesischen Markt erobern werden, es sei denn, dass unsere Grossbanken nach dem Vorbild unserer Schiffahrtsgesellschaften die wirtschaftliche Eroberung Chinas planmässig in die Hand nehmen. Vorläufig ist ebenso wie in Russland und Indien die Schaffung eines genügenden Verkehrsnetzes die wesentlichste Vorbedingung für kräftige Entwickelung des chinesischen Wirtschaftslebens.

Die Vereinigten Staaten von Australien.

Eine neue Note in das weltwirtschaftliche Konzert werden voraussichtlich auch die „Vereinigten Staaten von Australien" bringen, die als geeintes und selbständiges Staatswesen jetzt zum ersten Male auftreten. Wenn man aus den bei den ersten Wahlen zum australischen Parlament aufgetretenen Strömungen und aus den Aeusserungen des ersten Premierministers von Australien, Mr. Barton, Schlüsse ziehen darf, so droht auch von Australien eine ziemlich energische Schutzzollpolitik, wie ja auch die australischen Einzelstaaten bisher mit geringen Varianten Schutzzollpolitik getrieben haben [1]). „Australien für die Australier“ ist nach amerikanischem Muster bereits als Leitmaxime aufgestellt worden — eine Maxime, deren Verwirklichung auch schwere politische Verwickelungen im Gefolge haben müsste. Wie die Verhältnisse einmal liegen, werden die Völker englischer Zunge, als England und die Vereinigten Staaten von Amerika, in Australien vor uns wohl stets einen grossen Vorsprung haben und die Entwickelungsfähigkeit des deutschen Exports nach Australien kann bei dieser Konkurrenz — ich erinnere an die oben mitgeteilten Zahlen — und bei den dort vorhandenen wirtschaftlichen und politischen Strömungen nicht günstig beurteilt werden. Andererseits hat es noch gute Wege, dass Australien selbst in den Kreis der Exportindustrieländer eintritt, für absehbare Zeit braucht man damit in bedeutenderem Maasstab nicht zu rechnen.

Süd-Amerika. Verwickelterer Natur sind die Beziehungen mit den südamerikanischen Ländern. Hier schien vor einigen Jahren die nordamerikanische Politik die Führung übernehmen zu wollen. Jene bekannte Agitation für Panamerika wurde entfaltet, Amerika für die Amerikaner wurde mit Fanatismus gepredigt, aber — merkwürdig, man predigte tauben Ohren. Ueberall hat der Exporthandel der Vereinigten Staaten rasch grosse Erfolge erzielt, nur nicht in Südamerika. Die Südamerikaner merkten den Wolf im Schafsgewande und verstanden, dass das Ende vom Lied sein würde: Amerika für die Nordamerikaner. Sie begriffen, dass die ihnen zugemutete wirtschaftliche Verbindung zu einer politischen Abhängigkeit führen würde und lehnten dankend ab. So ist denn „Panamerika“ sanft entschlafen und gehört

---

[1]) Die Wahlen zum australischen Parlament haben folgende Resultate ergeben:

| Senat 36 Mitglieder. | Repräsentantenhaus 75 Mitglieder. |
|---|---|
| (13 Schutzzollner, | (32 Schutzzollner, |
| 17 Freihändler, | 28 Freihändler, |
| 6 Arbeiterpartei.) | 15 Arbeiterpartei.) |

Man nimmt an, dass im Senat eine Majorität für free trade, im Repräsentantenhaus eine solche für Schutzzoll ist.

heute zu den begrabenen Idealen der nordamerikanischen Exporteure.

Aber auch der deutsche Export nach den südamerikanischen Staaten, wenn er auch sehr bedeutend ist, hat doch nicht ganz die Entwickelung gefunden, die man erhofft hat. Freilich kommen unsere Beziehungen mit Südamerika in der Handelsbilanz nicht ganz zum Ausdruck, weil fast der ganze Schiffsverkehr in deutschen Händen ist und der Gewinn aus den Frachten daher noch auf das Kredit Deutschlands zu bringen ist. Ausserdem ist bekanntlich deutsches Kapital in grossem Maassstab im Lande investiert. Aber das Geschäft in Südamerika leidet dauernd, abgesehen von anderen Schwierigkeiten, unter der Unsicherheit der politischen und der Währungsverhältnisse. Mit am besten hat Italien neuerdings verstanden, sich mit dem südamerikanischen Markte abzufinden, zumal in Brasilien, Argentinien und Chile. Es spricht da teils wohl die Rassenverwandtschaft, teils die grosse Einwanderung von Italien in den genannten Ländern mit[1]). Jedenfalls ist Italien in Südamerika ein beachtenswerter Konkurrent geworden. Südamerika wird für uns noch lange ein guter Absatzmarkt sein, um es zusammenzufassen, die Bedingungen für eine eigene grosse Exportindustrie sind dagegen in Südamerika nicht gegeben.

Ziemlich unübersehbar liegen zur Zeit die Verhältnisse in Afrika. Zumal der Ausgang des nun bald 2 Jahre dauernden Afrika.

[1]) Es wanderten aus in der Zeit von 1891—96

| | nach Nordamerika | nach Südamerika |
|---|---|---|
| aus Deutschland | 433 000 | 14 000 |
| „ Oesterreich-Ungarn | 333 000 | 33 000 |
| „ Grossbritannien | 259 000 | 5 700 (Grossbritannien und Irland) |
| „ Irland | 264 000 | |
| „ Skandinavien | 274 000 | 3 900 |
| „ Italien | 354 000 | **819 900** |
| „ Frankreich | 25 000 | 23 000 |
| „ Spanien und Portugal | 18 000 | 346 000 |
| „ Schweiz | 25 000 | 4 000 |
| „ Russland und Polen | 350 000 | 26 000 |

(Nach Dix. Deutschland auf den Hochstrassen des Weltwirtschaftsverkehrs, pag. 21.)

Krieges immer noch nicht feststeht. Zwar wird allgemein angenommen, dass nach Beendigung des Krieges grosse Kapitalinvestitionen in Südafrika stattfinden werden. Aber, ob Südafrika späterhin ein erweiterter Markt für die europäische Industrie werden wird, das dürfte wesentlich von der Handelspolitik abhängen, die England in Südafrika einschlagen wird. Wenn man auf Englands „free trade" noch bauen könnte, dann könnte man die Frage vielleicht mit „ja" beantworten, aber das kann man eben nur bedingt. In England bestehen starke Strömungen auf präferentielle Behandlung Englands in Südafrika, und, soweit es sich um Rhodesia handelt, hat bekanntlich Cecil Rhodes nach dieser Richtung bereits Vorkehrung getroffen. Es ist also keineswegs gesagt, dass das englische Regime in den Burenstaaten eine Verbesserung für uns bedeuten wird. Eine wesentliche Vorbedingung für die Hebung des gesamten Handelsverkehrs in und mit Afrika ist der Ausbau des Bahnnetzes und nach dieser Richtung dürften allerdings die Engländer, mit der ihnen eigenen Energie, in kurzer Zeit Grosses leisten.

Als Absatzmarkt für England hat also Südafrika jedenfalls eine grosse Zukunft. Für die übrigen Staaten wird es ein heiss umstrittenes Feld werden und wir werden vor allem sehr zu thun haben, dass wir gegen die gewaltige Konkurrenz der Vereinigten Staaten einigermassen das Feld behaupten, die durch die jüngst eingeleitete amerikanische Schiffsbau- und Schiffahrtsprämienpolitik noch eine unvorhergesehene Unterstützung erhalten wird.

---

Ergebnis.

Wenn man aus der Gesamtheit der vorgeführten wirtschaftlichen Erscheinungen das Ergebnis noch einmal kurz zusammenfassen will, so lässt es sich etwa dahin wiedergeben: Durch das Eintreten der Rohstoffstaaten in den Kreis der Industrieländer ergeben sich für die alten Industrieländer Verschiebungen in der Richtung des Verlustes der Stapelindustrien der unentbehrlichen Gegenstände und der Entwickelung und Spezialisierung von Industrien von Gegenständen verfeinerten Genusses. Diese Verschiebungen, soweit sie auf der natürlichen Entwickelung der Rohstoffländer beruhen, sind unbedenklich, da sie begleitet zu sein pflegen von einer Erweiterung der Bedürfnisse und mithin des Imports dieser Länder. Bedenklich für Europa und insbesondere für Deutschland sind dagegen die Tendenzen auf nationalwirtschaftliche Abschlusspolitik, welche in Russland, Grossbritannien und den Vereinigten Staaten von Amerika wie Australien vorhanden sind. Diese Tendenzen müssen eine Warnung für Deutschland sein, seine Exportindustrie einseitig zu entwickeln, da plötzliche Rückschläge durch rücksichtslose Versperrung von Absatzmärkten nicht ausgeschlossen sind. Es ergeben sich mithin für Deutschland als Aufgaben die Kräftigung seiner Landwirtschaft neben seiner Industrie, nicht aus Gründen der kornwirtschaftlichen Selbständigkeit im Kriegsfall, sondern als Versicherung für Zeiten rückläufiger Bewegung seines Exports und zur Bilanzierung der deutschen Zahlungsbilanz. Zur Erhaltung der deutschen Konkurrenzfähigkeit ist ferner wünschenswert die weitere enge Verbindung der technischen Wissenschaften mit der Industrie und eine weitere Konzentration des deutschen Kapitals, sowie eine Kartellierung seiner Exportindustrien behufs geschlossenen Auftretens auf den ausländischen Märkten. Die weitere Pflege des deutschen Exports, die gegründet ist auf eine besonnene Flotten- und Weltmachtpolitik, ist eine Lebensbedingung für Deutschland. Je mehr der nordamerikanische Markt verloren geht, um so mehr sind andere Märkte zu erwerben und zu erweitern, so der ostasiatische, südamerikanische und afrikanische, auf welchen allen freilich der mächtigen Konkurrenz der Vereinigten Staaten von Amerika zu begegnen sein wird, und um so mehr müssen wir uns der Pflege und Entwickelung unserer eigenen Kolonien widmen.

Dies sind in kurzem die Ergebnisse, welche im vorstehenden gewonnen worden sind. Da darnach die Abschliessungspolitik der grossen Wirtschaftscentren als die eigentliche Gefahr zu gelten hat, welche der deutschen Entwickelung droht, so mögen an dieser Stelle noch einige Worte über die Aussichten dieser Abschliessungspolitik stattfinden.

Als die Juryergebnisse der Pariser Weltausstellung bekannt wurden, prägte die amerikanische Presse ein Schlagwort:

„America leads the nations“.

Das Schlagwort war falsch, da die deutschen Resultate weit

besser waren, aber es ist, glaube ich, trotzdem das richtige Motto des kommenden Jahrhunderts. Dank seines grossen, reichen und geschlossenen Territoriums, der grossen Energie seiner Bevölkerung und seiner bedeutenden Kapitalconcentration wird ihm aller Voraussicht nach die führende Stelle im wirtschaftlichen Konzert zufallen. Die amerikanische Industrie wird vielleicht bald der Schutzzölle nicht mehr benötigen, auch bei ihr werden vielleicht schon bald die Exportbedürfnisse die Schutzbedürfnisse überwiegen, aber ich glaube nicht, dass dann eine Aera freihändlerischer Prinzipien in den Vereinigten Staaten zu erwarten ist. Es steht dem zweierlei entgegen. Einmal sind die Staatsfinanzen der V. St. von Amerika mehr wie in irgend einem anderen Lande auf die Zollerträgnisse aufgebaut, sodass eine Aenderung der Zollpolitik auch eine fundamentale Aenderung der Steuerpolitik zur Folge haben müsste, welcher gewaltige — in einem demokratischen Gemeinwesen schwer überwindliche — Interessen entgegenstehen[1]). Sodann aber würde sich Amerika bei Abschlusspolitik anderer Wirtschaftsgebiete durch Uebergang zu Freihandelsprinzipien der wichtigsten Waffen im handelspolitischen Tarifkampf berauben. Aus diesen Gründen ist damit zu rechnen, dass die Vereinigten Staaten von Amerika dauernd Schutzzollpolitik treiben werden, allerdings mit der Tendenz sinkender Zölle. (Die Idee dagegen von „Panamerika" kann heute bereits, wie gezeigt, als aufgegeben betrachtet werden.) Sollten sich bei einer derartigen Politik dem amerikanischen Exporte aber unüberwindliche Zollschranken anderer Wirtschaftsgebiete entgegenstellen, so wird amerikanisches Kapital — wie englisches und deutsches das bereits im grossen Maassstabe gethan haben — ins Ausland sich dislocieren. Man wird die Fabrikation in das Land verlegen, in das die Fabrikate einzudringen nicht mehr vermögen. Das ist die unabweisliche Konsequenz allseitiger Schutzzollpolitik.

In Russland liegen die Verhältnisse anders. Für Russland werden die Schutzzölle in den meisten Branchen noch auf lange Zeit hin Erziehungszölle sein, Zölle, die für die Entwickelung

[1]) An Inlandssteuern kamen 1899/1900 3,89 Dollar auf den Kopf der Bevölkerung, an Zöllen 3,81 Dollar.

und Erstarkung gegenüber der ausländischen Konkurrenz unbedingt notwendig sind. Es wird deshalb richtig sein, mit einer Abschwächung des russischen Zollsystems nur ganz allmählich zu rechnen. Vielleicht dass wir in näherer Zeit — wennmöglich bei den jetzt zu schliessenden Handelsverträgen — auf eine Ermässigung der Eisenzölle rechnen dürfen, im grossen und ganzen wird nationale Abschlusspolitik noch lange die Signatur der russischen Wirtschaftspolitik bleiben. Immerhin ist in Betracht zu ziehen, dass eine grosse Anzahl Industrien in Russland gar nicht oder nur in geringem Umfange existieren. So wird Russland auch unter dem System nationaler Abschlusspolitik ein guter Absatzmarkt für Deutschland sein, wenn — wie es ja zu hoffen ist — die Gefahr eines Zollkrieges mit Russland stets vermieden wird.

Am günstigsten darf man vielleicht die Zukunft unserer handelspolitischen Beziehungen zu Grossbritannien beurteilen, selbst wenn die englischen Bestrebungen nach einem engeren handelspolitischen Zusammenschluss mit den Kolonien Wirklichkeit werden sollten, was recht zweifelhaft ist. Es ist mit Greater Britain ebenso wie mit Panamerika. Die Kolonien wittern eine erneute p o l i t i s c h e Abhängigkeit von England und sie sind fast durchweg auf ihre, verhältnismässig junge, politische Selbstständigkeit viel zu eifersüchtig, um auf den Köder anzubeissen. „Greater Britain“ ist ebenso wie Panamerika zugeschnitten lediglich auf die Interessen von England, wie dieses auf die der Vereinigten Staaten, und alles idealistische und freiheitliche Brimborium, welches für „Greater Britain“ gemacht worden ist, ist nur gemacht worden, um die nackt egoistischen Motive zu verhüllen. Es ist beide Male der Wolf im Schafsgewande. So ist denn auch Canada in seiner Politik der präferentiellen Behandlung Englands bisher allein geblieben und eine Schwalbe macht bekanntlich keinen Sommer.

Wenn nun England im Falle des Scheiterns von „Greater Britain“ doch zu einem Schutzzollsystem übergehen sollte, so wird dies doch voraussichtlich k e i n H o c h s c h u t z s y s t e m werden, das auf unsere Einfuhr prohibitiv wirken müsste. Es werden naturgemäss Verschiebungen unseres Exports nach England eintreten müssen in den nächsten Jahrzehnten, aber dem Export nach England als ganzem ist, glaube ich, keine schlechte Prognose zu stellen[1]).

---

Ein währungspolitischer Rückblick und ein handelspolitischer Ausblick mögen die vorstehenden Betrachtungen schliessen.

Es sind jetzt 28 Jahre, dass Deutschland zur Goldwährung übergegangen ist. Dieser Schritt ist vielfach angegriffen worden, erst in allerjüngster Zeit sind diese Angriffe verstummt, wohl auch nur, um bei gegebener Gelegenheit wieder aufgenommen zu werden. Diese 28 Jahre bedeuten eine glänzende Rechtfertigung des damals gewagten Schrittes[2]). Der gesamte Welthandel vollzieht sich heute auf der Basis des gold-standard. Alle grossen Wirtschaftsmächte haben den von uns gethanen Schritt nachthun müssen, und unsere Stellung im Welthandel ist ohne einen gold-standard kaum denkbar. Was geschehen wäre, wenn Deutschland 1873 nicht zur Goldwährung überging, ist müssig zu meditieren; jedenfalls ist diesem Uebergang eine Entwickelung Deutschlands zeitlich gefolgt, die in der deutschen Wirtschaftsgeschichte einen Vergleich nicht hat, und Deutschland hat keine Veranlassung, seine währungspolitische Marschroute zu ändern.

Handelspolitisch dagegen sollen die Wege für die weitere Entwickelung Deutschlands erst wieder neu geschaffen werden. In zwei Jahren laufen unsere hauptsächlichsten Handelsverträge ab, mit England und seinen Kolonien leben wir bereits seit drei Jahren in einem Provisorium und bei einzelnen Verträgen, die nicht ablaufen, ist die Kündigung derselben wohl in Erwägung zu ziehen.

Während aber die Verträge mit Oesterreich-Ungarn, der Schweiz, Italien, Belgien voraussichtlich im wesentlichen auf den alten Fundamenten aufgebaut werden dürften, ist mit den drei grossen Wirtschaftscentren: Grossbritannien und seinen Kolonien,

---

[1]) Der Export nach England ist im letzten Jahre noch erheblich gestiegen und übertrifft jetzt mit 912,2 Millionen Mark unsere Einfuhr aus England (840,7 Millionen Mark).

[2]) Die Reichsbank 1876—1900. passim.

Russland und den Vereinigten Staaten von Amerika (deren Vertrag allerdings nicht abläuft), im wesentlichen eine Neubegründung dieser Fundamente notwendig geworden. Darin liegt die entscheidende Bedeutung der gegenwärtigen Phase der deutschen Handelspolitik. Wir spielen bei den kommenden Handelsverträgen in der That um die wirtschaftliche Zukunft Deutschlands.

Nach den gegenwärtig in den Vereinigten Staaten von Amerika herrschenden Auffassungen, deren Aenderung einstweilen nicht in Aussicht steht, hat unser Export dorthin wenig zu erwarten. Unsere Lage den Vereinigten Staaten gegenüber ist zur Zeit denkbar ungünstig. Wir haben bei Abschluss der letzten Handelsverträge mit Russland und Oesterreich den Vereinigten Staaten auf Grund des Meistbegünstigungsvertrages von 1828 sämtliche Ermässigungen dieser Verträge ohne Entgelt eingeräumt [1]). Durch eine neue Interpretation der Meistbegünstigungsklausel haben sich dann die Vereinigten Staaten ihrerseits der Verpflichtung entzogen, uns gegenüber die Meistbegünstigung zu verwirklichen. Sie haben auf Grund des Dingley-Tarifs durch Separatverträge über Ermässigung dieses Tarifs mit Frankreich und anderen Ländern uns in rücksichtsloser Weise differentiell behandelt. Auf der Grundlage des gegenwärtigen Status ist eine gedeihliche Entwickelung nicht zu erhoffen [2]).

Das Nächstliegende wäre, bei Abschluss der neuen Handelsverträge die amerikanische Interpretation der Meistbegünstigungsklausel von 1828 — Ermässigungen, welche einem dritten Lande gegen Entgelt eingeräumt werden, sind auch dem meistbegünstigten Land nur gegen Entgelt einzuräumen — auf die Vereinigten Staaten selbst anzuwenden und sie so in die Grube fallen zu lassen, die sie uns gegraben haben. Eventuell wird man wohl die Kündigung des Vertrages von 1828 in Erwägung ziehen. Sollten die Vereinigten Staaten es dann zum Zollkriege treiben, so sind die Interessen, die für sie dann auf dem Spiele stehen, so wesentlich grösser als

---

1) Dr. Borgius, Deutschland und die Vereinigten Staaten, passim. Sartorius Feiherr von Waltershausen. Deutschland und die Handelspolitik der Vereinigten Staaten von Amerika, passim.

2) Dr. Ballod, Die deutsch-amerikanischen Beziehungen. Dr. George M. Fisk, Die Handelspolitik der Vereinigten Staaten 1890—1900.

die deutschen, dass die deutsche Position in einem solchen Zollkriege — die sicher nicht wünschenswert und nur die ultima ratio ist — keinesfalls ungünstig ist.

Mit Russland und England und seinen Kolonien werden wir hoffentlich zu einer angemessenen Verständigung gelangen. Die beiden Staaten sind in weitem Umfang auf uns und wir auf sie angewiesen, und wir können ihnen weiter Entgegenkommen zeigen, weil wir darauf rechnen können, bei ihnen auch weiterhin einen angemessenen Absatz für die deutsche Industrie zu finden. Die Interessen, welche auf dem Spiele stehen, sind so bedeutend, die Regelung, welche es auch sei, die schliesslich gefunden werden wird, wird von so entscheidendem Einfluss auf die wirtschaftliche Entwickelung Deutschlands sein, dass wir hoffen und wünschen müssen, es möge an diesem Scheidewege der deutschen Handelspolitik der richtige Weg eingeschlagen werden.

# Litteraturverzeichnis.


*Arendt, Dr. Otto:* Im goldenen Zeitalter Ludwig Bambergers.

*Ballod, Dr. Carl:* Die deutsch-russischen Handelsbeziehungen (Schriften des Vereins für Sozialpolitik. Bd. 90).

Die deutsch-amerikanischen Handelsbeziehungen, ebenda. Bd. 91.

*Borgius, Dr. Walther:* Deutschland und die Vereinigten Staaten von Amerika. (1899.)

*v. Brandt:* China und seine Handelsbeziehungen zum Ausland.

*Conrad, Prof. Dr.:* Die Stellung der landwirtschaftlichen Zölle in den 1903 zu schliessenden Handelsverträgen.

*Dade:* Die Agrarzölle. (Schriften des Vereins für Sozialpolitik. Bd. 91.)

*Dietzel, Prof. Dr.:* Weltwirtschaft und Volkswirtschaft. (1900.)

*Dix, Arthur:* Deutschland auf den Hochstrassen des Weltwirtschaftsverkehrs. (1901.)

*Fisk, Dr. George:* Die Handelspolitik der Vereinigten Staaten 1890—1900. (Schriften des Vereins für Sozialpolitik Bd. 90.)

*Gothein, Georg:* Der deutsche Aussenhandel. (1901.)

*Helfferich, Karl:* Handelspolitik. (1901.)

*Kowalewski:* La Russie à la fin du 19ième siècle. (1900.)

*Leo:* Die Anklagen gegen die Goldwährung und die „Vorzüge" des Bimetallismus. (1900.)

*Oldenberg:* Deutschland als Industriestaat. (1897.)

*Rathgen, Prof. Karl:* Die englische Handelspolitik am Ende des 19. Jahrhunderts. (Schriften des Vereins für Sozialpolitik. Bd. 91.)

*Reichsbank.* Die Reichsbank 1876—1900.

*Ruhland, Prof. Dr.:* Gegengutachten gegen Prof. Dr. Conrads. „Stellung der landwirtschaftlichen Zölle in den 1903 zu schliessenden Handelsverträgen Deutschlands." (1901.)

*Vosberg-Reckow, Dr.:* Das britische Weltreich und der deutsche Wettbewerb.

*Voigt, Dr. Paul:* Die Entwickelung des deutschen Aussenhandels von 1896—98. (1900.)

*Sartorius, Freiherr von Waltershausen, Prof. A.:* Deutschland und die Handelspolitik der Vereinigten Staaten von Amerika.

*Nachrichten für Handel und Industrie.* Herausgegeben im Reichsamt des Innern.

*Berichte über Handel und Industrie.* Herausgegeben im Reichsamt des Innern.

*Economist.*

*Handelspolitische Flugschriften,* herausgegeben vom Handelsvertragsverein: Heft I: Die deutsche Volkswirtschaft und der Weltmarkt. (1901).

*Die deutsche Volkswirtschaft am Schlusse des 19. Jahrhunderts.* Bearbeitet im Kaiserlichen Statistischen Amt. (1900.)

*Das Getreide im Weltverkehr.* Vom k. k. österreichisch-ungarischen Ackerbauministerium vorbereitete Materialien für die Enquête über börsenmässigen Terminhandel mit landwirtschaftlichen Produkten. (1900.)

*Handels- und Machtpolitik.* 2 Bde. (1900.)

*Die Seeinteressen des Deutschen Reichs.* (1898.)

*Die Neugestaltung der deutschen Handelspolitik.* Denkschrift der Aeltesten der Kaufmannschaft von Berlin. (1901.)

---

Druck von Georg Reimer in Berlin.

Druck von Georg Reimer in Berlin.

Kolibri 360 GmbH
Ferdinand-Jühlke-Straße 7
99095 Erfurt, Deutschland
produktsicherheit@kolibri360.de